LE FANTOME DU MIROIR

Karen Dolby

Illustrations de Brenda Haw

Réalisation Kim Blundell et Brian Robertson
Traduction de Renée Chaspoul

Collection dirigée par Gaby Waters

Table des matières

3 Une histoire pas comme les autres
4 La maison hantée
6 Le lendemain
8 La chasse au fantôme commence
10 Le Manoir de la Pierre Sombre
12 Un message mystérieux
14 L'apparition d'un fantôme
16 Le message dans le miroir
18 Qui est ce fantôme?
20 La chasse au fantôme
22 Par le passage secret
24 Les documents codés
26 Plus d'issue?
28 Dans la cave à vin
30 Le docteur Expé-Rience
32 La machine TPI
34 Des tours de fantômes
36 A la recherche du Gang des Branchés
38 Panique chez les Branchés
40 Le fantôme dans le miroir
42 Indices
43 Réponses

Une histoire pas comme les autres

Le Fantôme du Miroir est l'histoire d'une aventure passionnante . . . mais ce qu'elle a d'original, c'est que nous t'invitons à y participer.

Tout au long de l'histoire tu trouveras des énigmes et des problèmes plus ou moins ardus. A chaque fois, il te faudra trouver la réponse pour pouvoir comprendre l'épisode suivant.

Observe bien les images à la recherche d'indices et de détails importants. Quelquefois, il faudra que tu reviennes en arrière pour trouver la réponse. Tu trouveras des indices à la page 42 et la réponse aux énigmes aux pages 43 à 48.

Il ne te reste plus qu'à tourner la page pour partir à l'aventure . . .

Un vendredi, tard dans la soirée, Luc, Jean et Laure rentraient de l'école. Le portail du Parc de la Pierre Sombre, d'habitude fermé, était ouvert ce soir-là. Allaient-ils entrer? Luc ouvrait le chemin . . .

La maison hantée

Jean, Laure et Luc se frayèrent un chemin à travers le parc, ils s'approchaient du Manoir de la Pierre Sombre. La maison dominait les arbres, sombre et menaçante.

"C'est la maison hantée," plaisanta Luc.

Jean regarda à travers la grille, jamais il n'avait été si près du Manoir. Soudain, une étrange lueur verte brilla à l'une des fenêtres. Terrifié, Luc aperçut brièvement une ombre vacillante.

"Il doit y avoir quelqu'un qui habite ici maintenant," balbutia Laure.

"Mais ça fait des années que la maison est vide," dit Luc.

Une chouette ulula et Laure frissonna. Le Manoir de la Pierre Sombre avait l'air très mystérieux. Luc claqua des dents, il était persuadé que la maison était hantée. Mais Jean pensait qu'il y avait une autre explication et il voulait en savoir plus.

Il regarda le Manoir. Il était sinistre et inquiétant, le portail était fermé, ils n'avaient même pas de lampe électrique. Etait-ce une bonne idée?

"Nous reviendrons demain matin," dit-il enfin.

Le lendemain

Jean les ramena au Manoir de la Pierre Sombre, impatient de commencer la chasse au fantôme. Laure et Luc avaient du mal à le suivre.

"Cachons-nous," murmura Jean.

Il montra deux personnages bizarres qui s'appuyaient contre un mur et discutaient à voix basse. Il ne voulait pas qu'on les voie rôder autour de la maison.

Ils s'accroupirent derrière des buissons mais Luc trébucha et tomba la tête la première par un trou dans le mur.

Laure et Jean le suivirent à quatre pattes et ils se retrouvèrent devant le Manoir. A la lumière du jour, il semblait vide et abandonné, plus du tout effrayant. Jean se dirigea vers l'une des fenêtres grossièrement barricadée et il tira bien fort sur l'une des plaques de tôle ondulée.

Il essaya rapidement les autres et grommela. Elles étaient solidement clouées et on avait bloqué avec des éboulis les fenêtres qui n'avaient pas été barricadées. Il examina la maison et vit soudain comment ils pouvaient entrer.

Essaie de trouver un moyen d'entrer.

La chasse au fantôme commence

Laure et Jean se trouvèrent bien vite à l'intérieur, mais Luc eut plus de difficulté. Jean enroula un bout de corde autour de la rampe et il tira. Luc saisit la perche et Laure essaya de le hisser, mais en vain, Luc était dehors, suspendu dans les airs. Coincé entre les deux parties de la fenêtre, il n'osait regarder en bas.

Ils réussirent enfin et Luc tomba à l'intérieur avec un bruit sourd. Il se demandait si cette chasse au fantôme en valait la peine. Mais Jean se demandait déjà par où commencer. La maison était grande, pleine de coins et de recoins, comment trouveraient-ils leur chemin? L'escalier pour monter était pourri et s'était effondré, ils n'avaient d'autre choix que de descendre d'abord.

Une porte ouverte donnait sur une pièce pleine de toiles d'araignées, qui avait été jadis un magasin de souvenirs. Autrefois la maison se visitait.

"On dirait que personne n'est venu ici depuis des années," dit Laure en se risquant à l'intérieur.

Elle aperçut soudain quelque chose qui allait les aider.

Qu'a remarqué Laure?

MAGASIN DE SOUVENIRS
artisanat
POTERIE RÉGIONALE
10 F le pot
152 F
Manoir de la Pierre Sombre
LE LIT DE LA REINE
© LES CARTES FANTÔMES
MIEL

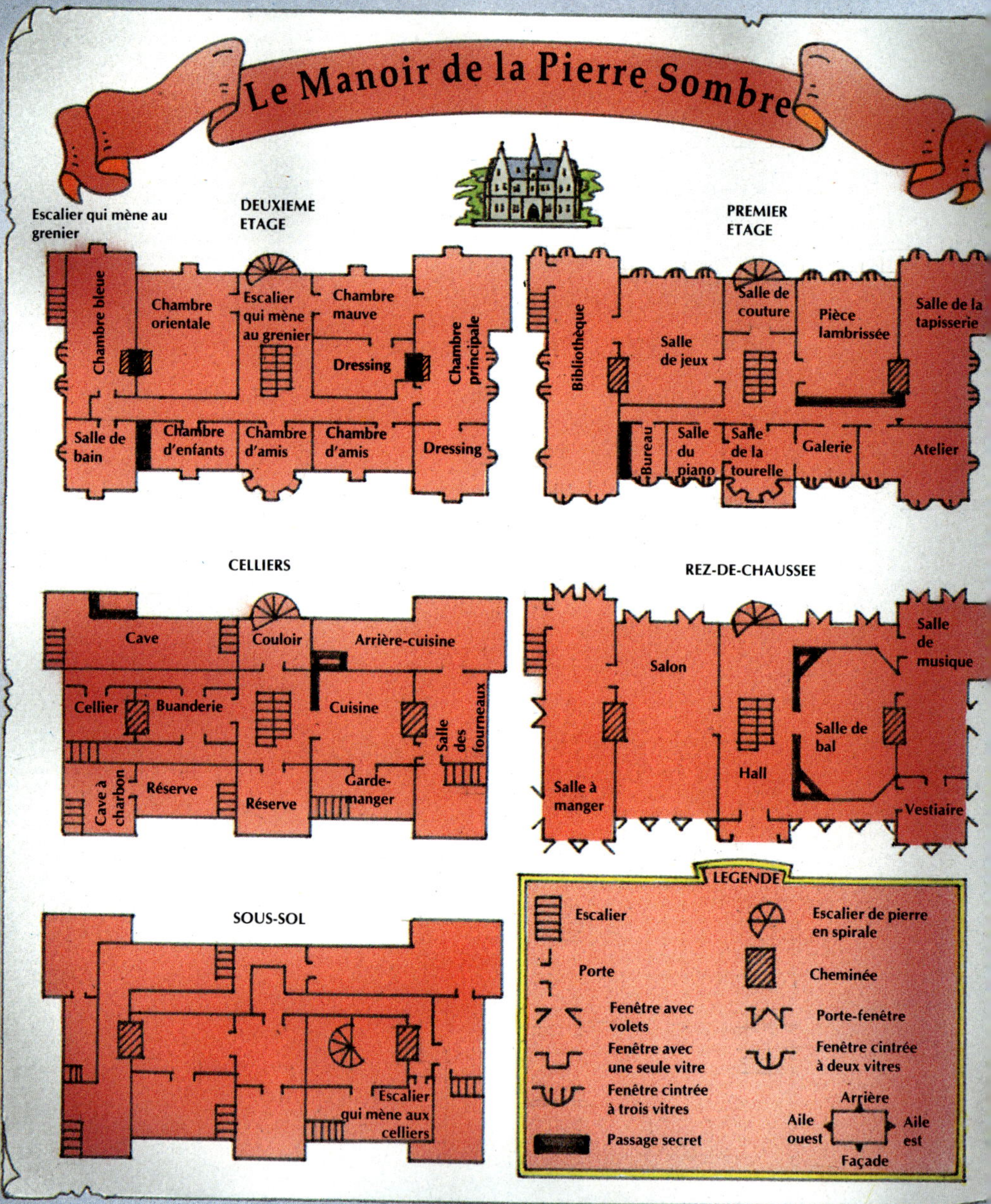

Luc lut la brève histoire du Manoir de la Pierre Sombre, frissonnant à la pensée d'étranges lueurs, de moines fantomatiques et de passages secrets.

Il regarda nerveusement autour de lui, s'attendant à voir apparaître à chaque instant un spectre livide.

"On va où?" demanda-t-il.

Les propriétaires du Manoir de la Pierre Sombre

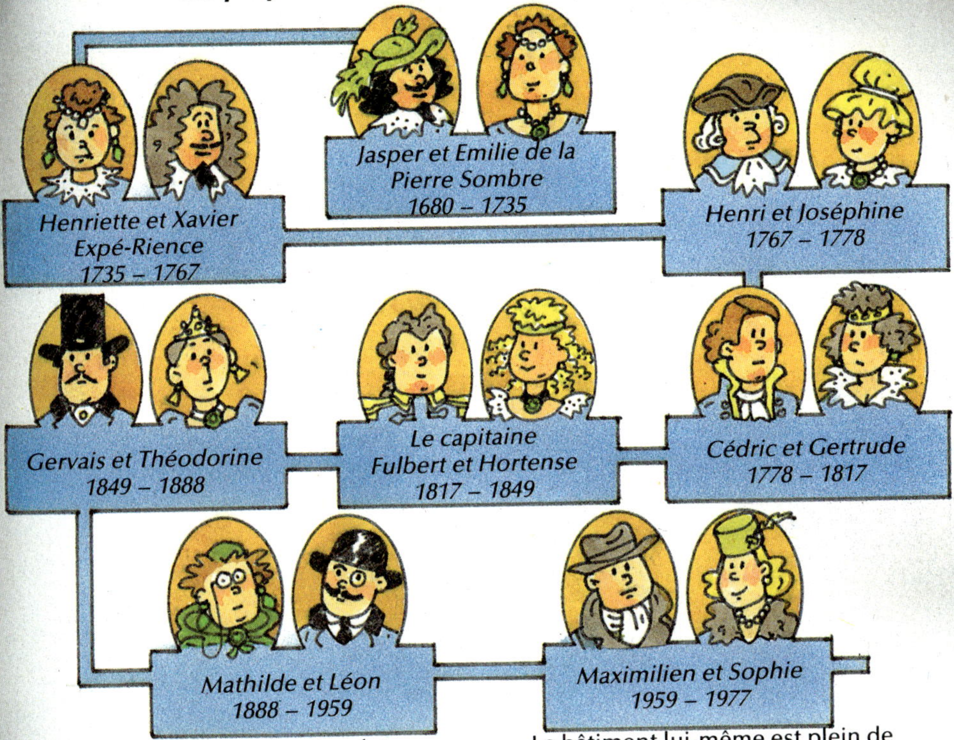

Le Manoir de la Pierre Sombre fut construit en 1680 par Jasper de la Pierre Sombre. Son unique fille, Henriette, et son mari, Xavier Expé-Rience, héritèrent du Manoir en 1735. A partir de cette date, la maison fut la propriété de la famille Expé-Rience sous le nom de Comtes et Comtesses de la Pierre Sombre, titre que gagna le capitaine Fulbert pour courage émérite. Les Expé-Rience ont toujours eu un côté inventif. En 1862, alors qu' il faisait des expériences avec de la poudre à canon, Gervais fit sauter l'aile est et la salle de bal, qui furent plus tard reconstruites.

Le bâtiment lui-même est plein de mystère, avec des murs épais qui dissimulent des passages secrets et des petites pièces. Il existe également plusieurs portes secrètes bien cachées munies de serrures compliquées.
Le Manoir possède ce qu'il faut de fantômes. On le dit construit sur le site d'un prieuré médiéval et on prétend qu'il est hanté par un moine spectral dont l' apparition s'accompagne d'étranges éclairs lumineux. Les visiteurs se sont plaints de sentir soudain des souffles d'air glacé et d'entendre des bruits à vous donner froid dans le dos.

"Dans la pièce où on voit les lueurs," dit Laure.

Elle examina les plans de l'étage et repensa à la nuit précédente.

Elle essaya de s'imaginer la façade de la maison et sut bientôt exactement où ils devaient aller.

Vers quelle pièce doivent-ils se diriger?

Un message mystérieux

Ils atteignirent le bureau et la lourde porte s'ouvrit dans un grincement. Ils jetèrent un coup d'oeil hésitant à l'intérieur, ne sachant à quoi s'attendre.

"Quelqu'un est venu ici, dit Laure en montrant l'épaisse couche de poussière sur le sol, les fantômes ne laissent pas de traces de pas."

Reprenant courage, ils examinèrent la pièce. Déçus, ils ne virent rien d'anormal, aucune trace de fantôme.

Ils avaient du mal à imaginer l'étrange lueur brillante et la vague silhouette mystérieuse qu'ils avaient aperçues du dehors.

Luc ramassa un curieux livre qui traînait sur le fauteuil et il le feuilleta. Il était très vieux.

Anciennes Expériences Scientifiques qui n'ont pas marché, lut-il à haute voix. En jetant un coup d'oeil sur le livre, Jean remarqua quelque chose d'autre.

Sur le bureau, à côté d'une pile de livres poussiéreux, se trouvait une feuille de papier d'un carnet. Jean crut d'abord que ce qui était écrit dessus était en une langue étrange, mais en regardant de plus près, il comprit que c'était en code.

Essaie de déchiffrer le message.

L'apparition d'un fantôme

Même décodé, le message ne voulait rien dire. Il était bien d'origine humaine, mais le mystère ne faisait que s'épaissir.

Jean leva les yeux, sa gorge se serra et il saisit le bras de Laure.

"Regarde . . ." balbutia-t-il en blêmissant.

Ils aperçurent dans le miroir la terrifiante apparition d'un fantôme. Son visage était voilé, mais Luc était sûr qu'il le fixait.

"Laissez-moi sortir," hurla-t-il, horrifié.

Soudain, un souffle glacé traversa la pièce.

BANG. Au moment où Luc arrivait à la porte, elle se referma. Avec un grand clic, le loquet retomba de l'autre côté, ils ne pouvaient plus ouvrir.

Ils étaient prisonniers dans la salle hantée. Laure regarda le miroir. Le fantôme avait disparu, mais il pouvait revenir à tout moment.

Luc cria, il tira sur la porte, en vain. Jean se précipita à la fenêtre. Quel idiot, c'était trop haut pour sauter.

Pendant ce temps, Laure réfléchissait. Les grosses traces sur le parquet poussiéreux avaient quelque chose de bizarre. Elles n'allaient que dans une direction. Plus elle y pensait, plus elle était sûre d'avoir raison.

"Il y a une porte secrète, s'exclama-t-elle enfin. Je sais comment nous pouvons sortir."

Où est la porte secrète?
Comment peuvent-ils l'ouvrir?

Le message dans le miroir

La bibliothèque s'ouvrit comme une porte normale, révélant une volée de marches. Ils les gravirent en courant jusqu'à un petit corridor et Jean tira le levier rouge devant lui. Un panneau à mi-hauteur du mur se déroba et ils se hissèrent dans une chambre d'enfants.

Laura se frotta les yeux. Le cheval de bois au milieu de la pièce se balançait.

"Il doit y avoir un courant d'air," murmura-t-elle.

Luc eut l'impression que la porte en face venait de se refermer doucement. Et n'étaient-ce pas des pas qui s'éloignaient dans le lointain? L'écho d'un rire le fit sursauter.

"C'est le vent," dit sagement Jean.

Mais Luc se mit à hurler et il se précipita vers la porte. Il venait d'apercevoir un miroir et il y avait quelque chose dedans . . .

"Reviens, appela Laure, ce n'est qu'un message."

Jean examinait déjà le miroir. Il distinguait le contour de mots écrits dans la poussière pleine de toiles d'araignées, mais ils n'avaient aucun sens.

"C'est un autre code," s'exclama Laure.

Qu'y a-t-il d'écrit dans le miroir?

Qui est ce fantôme?

C'était très déroutant. La note dans le bureau et le message sur le miroir n'étaient certainement PAS ceux d'un fantôme, mais alors, et la silhouette dans la glace et les bruits bizarres? Et que penser de cette désagréable impression qu'ils avaient d'être observés? Lorsqu'ils sortirent dans le couloir, la porte de la chambre se referma derrière eux.

"Je me demande ce que nous allons trouver," dit nerveusement Laure.

Elle avait à peine fini sa phrase qu'elle entendit un gémissement sourd. Il s'amplifia, se rapprocha, et enfin une silhouette blanche drapée apparut, bloquant le couloir. Elle semblait flotter vers eux en poussant des hurlements horribles.

"Le fantôme!" cria Luc.

Laure sentit ses jambes se dérober sous elle, mais Jean n'était pas effrayé.

"Vous n'êtes pas un fantôme, vous ne me faites pas peur," dit-il.

Jean a-t-il raison? Qu'a-t-il vu?

La chasse au fantôme

Jean poursuivit l'imposteur, suivi de près par Laure et Luc. Ils arrivèrent au bout du couloir juste au moment où le fantôme franchissait une porte. Ils coururent à sa suite et se retrouvèrent dans une grande chambre. Où était le fantôme? Laure regarda sous le lit tandis que Jean vérifiait l'intérieur d'un coffre et que Luc jetait un coup d'oeil dans une énorme armoire.

"Par ici, cria-t-il, c'est une porte qui mène dans la pièce à côté."

Ils se faufilèrent dans l'armoire vide qui donnait sur une petite chambre. En les voyant, la silhouette blanche s'enfuit. Nos trois héros lui coururent après, le fantôme se prit les pieds dans son drap . . . et il dégringola l'escalier.

Ils suivirent le fantôme dans une petite pièce. Cette fois, il était pris, il ne pouvait se cacher nulle part. Tout à coup, ils furent plongés dans l'obscurité. Laure alluma sa torche électrique, mais le fantôme avait disparu.

"Comment a-t-il fait? demanda Luc, on bloquait la sortie."

"Il doit y avoir une autre porte secrète, dit Laure, mais où?"

Elle réfléchit, elle était sûre que quelque chose avait changé. Mais quoi? C'était peut-être là la clé de l'énigme.

Qu'y a-t-il de différent?
Où est la porte secrète?

Par le passage secret

Laure se pencha et tira sur le cordon de sonnette en soie, persuadée que le panneau s'ouvrirait. Bouche bée, ils regardèrent la cheminée et une partie du mur pivoter lentement. De l'autre côté, ils aperçurent l'autre cheminée presque identique qui glissait dans la pièce.

"Venez," s'écria Jean en sautant sur la grille.

La cheminée s'immobilisa sur un large couloir. Jean partit en tête Laure tenant la torche derrière lui.

Ils entendaient des bruits étranges de choses qui couraient ou qui dégoulinaient et leurs pas résonnaient. Tous les sons étaient amplifiés, et en plus il faisait très sombre. La lumière de leur torche perçait à peine l'obscurité et ils descendirent avec précaution des marches de pierre glissantes.

"Je n'aime pas ça," grommela Luc qui se débattait avec une toile d'araignée tandis qu'un rat lui passait sur le pied.

Laure n'en menait pas large non plus et même Jean sursauta lorsqu'il se retrouva face à face avec un crâne brillant qui le fixait de ses yeux béants. Ils dégringolèrent enfin d'autres marches qui menaient dans une chambre étroite.

Il n'y avait aucune trace du fantôme, mais à mi-hauteur du mur ils aperçurent deux petits points lumineux. Jean regarda le premier par les trous, qui donnaient sur une cuisine. Sa gorge se serra, il n'en croyait pas ses yeux.

Dans un miroir poussiéreux, il vit le fantôme du bureau qui semblait le regarder fixement. Peut-être se trompait-il, mais il eut l'impression qu'avant de disparaître il lui faisait un signe comme pour l'avertir de ne pas faire de bruit.

Deux personnes entrèrent dans la cuisine et Luc prit la place de Jean. Il fronça les sourcils en entendant leur conversation. Que manigançaient-elles?

"On a déjà vu cette fille," souffla Laure en regardant à son tour par les trous. "Mais où?"

Où ont-ils déjà vu la fille?

Les documents codés

Dès que le sinistre couple fut parti, Luc tira sur un vieux levier blanc en haut d'une poutre. Il y eut un déclic et un panneau s'ouvrit, qui se referma aussitôt après qu'ils l'eurent franchi.

"Regardez, dit Laure en se précipitant dans la pièce, ils ont oublié ceci."

Un dossier à l'aspect officiel était posé sur la table. Se sentant un peu coupables et tout en s'assurant qu'ils étaient vraiment seuls, ils l'ouvrirent bien vite.

A l'intérieur, ils trouvèrent deux pages tapées à la machine, des photos de la même personne et un schéma jaune.

"Ceci pourrait peut-être nous éclairer, dit Jean, si seulement nous arrivions à le lire. . ."

Les pages étaient écrites en un code incompréhensible. Laure se gratta la tête, examinant les mots. Peut-être n'était-ce pas si difficile après tout?

Essaie de déchiffrer ce qui est écrit.

EL GANG SED SRANCHEB ROSSIED 2
sifférented stilisationu ed al eachinm:
teup etrê eouél à s'autred sscroce; termep r'entred sand al ehambrc eortf sed sanqueb, sand sel suséem te sel salerieg t'ard (te n'ed rortis tapidemenr sans raissel ed eract); termep r'entred sand sel xureaub sinistérielm.
N'opératiol Expe-eiencr eommencc el iameds 42 eeptembrs à 21 seureh.
Eodc T
LE PATRON
clou spécial de la machine TPI
SLE TGA ONGDES TBRAN
ECHESDOS USIER1
IFAITS ECON INUS
ANO EM: TDOC
ZTEURXA HVIER
YEX SPE-ORIENCE
PNELE: 34DE
SCEM UBRE 11950
Js'estins otallé pauma hnoirde xlapier pre ssombredé vbut nsep itembre. wsousla tsur iveil olancedu xgang idesbran uchés dde opuisle 910 nsep otem abre. asa ivantmon cdiale umentconnu squitra ivail plesur iune vinven ztionul etra-ese ocrète – vlama tchineà btrans rfertphy zsique bins itanta iné. ssesert od'unco ade espé ocialpour ffai trefonc ytionnerla dma uchi enese plonle aquelles ichif ofresde 60 pà 99 isontrem upla scéspar odessym uboles. Llesbran tchésveu vlentdé échi fffrerle aco ode. Uilu ytili pseau issi ppar afoisun ico zdea ovecdes plet itres apourses xno utes.
Uco odek
roue dentée de la machine TPI

Plus d'issue?

Luc, Jean et Laure feuilletèrent les autres documents et photos.

"Ce doit être le docteur Expé-Rience," dit Jean en montrant l'une des épreuves.

"Et voici un plan d'une partie de son invention, ajouta Luc. Je me demande à quoi elle sert."

Mais surtout, QUI était le docteur Expé-Rience et pourquoi les Branchés le cherchaient-ils?

"C'est à nous de trouver les réponses, dit Jean. Je suis sûr que ces deux sinistres ont de mauvaises intentions. Il se passe quelque chose de louche."

Mais ce n'était pas le moment de s'asseoir pour réfléchir.

Laure entendit des voix qui se rapprochaient. Les Branchés revenaient! Luc et Jean saisirent avec frénésie documents et photos, essayant désespérément de les remettre dans le dossier pendant que Laure cherchait un moyen de s'échapper.

Jean courut à la porte secrète, mais il n'y avait pas de levier pour l'ouvrir de ce côté-ci.

Laure ouvrit la porte qui était dans la salle des fourneaux, mais l'escalier était pourri.

Luc tira de toutes ses forces sur la porte du garde-manger, mais elle était fermée.

Laure pensa à l'arrière-cuisine, mais il n'y avait là nulle part où se cacher ou s'enfuir. Juste à temps, ils se dissimulèrent au seul endroit possible. Un bruit de pas lourds ébranla la pièce.

En silence, Jean sortit le guide et la carte. Il DEVAIT y avoir un autre moyen de sortir. . . et il leur fallait vite le trouver.

Vois-tu un autre moyen de sortir de la cuisine?

Dans la cave à vin

Pendant que les deux autres examinaient la salle des fourneaux, Jean tirait sur la trappe. Ils sautèrent sur les marches de pierre en dessous et Luc referma la trappe avant le retour des escrocs.

Ils traversèrent en courant un labyrinthe de couloirs sombres et arrivèrent dans la grande cave à vin qui se trouvait sous la salle à manger. Une étrange lueur verte brillait à travers ce qui semblait être un mur solide. Jean pensa aux éclairs qu'il avait vus la nuit précédente. La lueur traçait le contour d'une porte. Etait-ce une autre entrée secrète qui menait dans le laboratoire du docteur?

Luc se demandait si c'était une si bonne idée d'essayer d'entrer. Mais si l'horrible Gang des Branchés en voulait au docteur, ils devaient se mettre de son côté. Laure, elle, regardait la boîte sur laquelle se tenait Luc et son regard parcourut la cave.

"Un circuit électrique! s'exclama-t-elle avec une inspiration subite. Où est le message que nous avons trouvé dans le bureau? Il nous dit comment ouvrir la porte."

Comment ouvrir la porte?

Anti gel
CIDRE
LE MOINE VERT

Le docteur Expé-Rience

Il y eut un ronronnement accompagné de plusieurs déclics, la porte s'ouvrit lentement et ils entrèrent dans un laboratoire. Tout d'abord, personne ne remarqua le personnage excentrique à moitié caché derrière une drôle de machine. Mais lui les avait vus.

"Je sais qui vous êtes, dit-il, l'air inquiet, vous travaillez pour le Gang des Branchés."

Malgré les explications de Laure, le docteur paraissait soupçonneux. Si seulement ils pouvaient prouver qu'ils n'avaient rien à voir avec le Gang. Soudain Luc se souvint qu'il possédait quelque chose qui appartenait au docteur. S'il le lui rendait, Expé-Rience saurait qu'ils ne travaillaient pas pour les Branchés.

Que possède Luc?

"Puisque vous êtes avec moi, vous pouvez m'aider à faire peur aux Branchés," dit le docteur.

Jean, Laure et Luc, un peu perplexes, écoutèrent les explications du docteur.

La machine TPI

Laure et Jean avaient des doutes, le plan du docteur semblait fou. Mais c'était la seule chance d'être plus malins que les Branchés et d'aider Expé-Rience. Il leur fallait tout d'abord des déguisements de fantômes.

"Les Branchés fouillent de nouveau la maison. Nous allons les surprendre dans la salle de jeux," dit le docteur qui se précipitait vers le grenier avec Laure. "On vous retrouvera là-bas."

Laure dénicha dans le coffre à déguisements une vieille robe blanche. Elle la passa et se couvrit de poudre blanche malodorante.

Luc essaya l'habit de fantôme du docteur. Il dut y faire quelques retouches pour qu'il lui aille, mais finalement il se trouva très "fantomatique". La trousse de secourisme donna une idée à Jean. Il lui fallut un temps fou pour dérouler tous les bandages et s'entortiller avec, mais il pensa que c'était un superbe déguisement.

Ils furent enfin prêts. C'est alors qu'ils se rendirent compte qu'ils étaient prisonniers. L'unique porte était la porte secrète par laquelle ils étaient entrés et ils ne voyaient pas comment l'ouvrir de ce côté.

"Je sais, s'exclama Luc, servons-nous de la machine!"

Mais comment marchait-elle? Luc tira la manette DEPART. Les instructions apparurent sur l'écran. Il avait vu la manette ZIP mais qu'était le nombre ZAP? Il n'y avait aucun chiffre sur la machine. Soudain, il haleta. Il apercevait une forme sur l'écran. . . le fantôme! Horrifié, il vit son bras se tendre vers lui.

Mais le fantôme essayait de les aider. Il montra un livre, qui était le manuel d'instructions de la machine. En lisant, ils comprirent comment ils pouvaient trouver le nombre ZAP et sur quels boutons de la machine appuyer.

Quel est le nombre ZAP? Sur quels boutons doivent-ils appuyer?

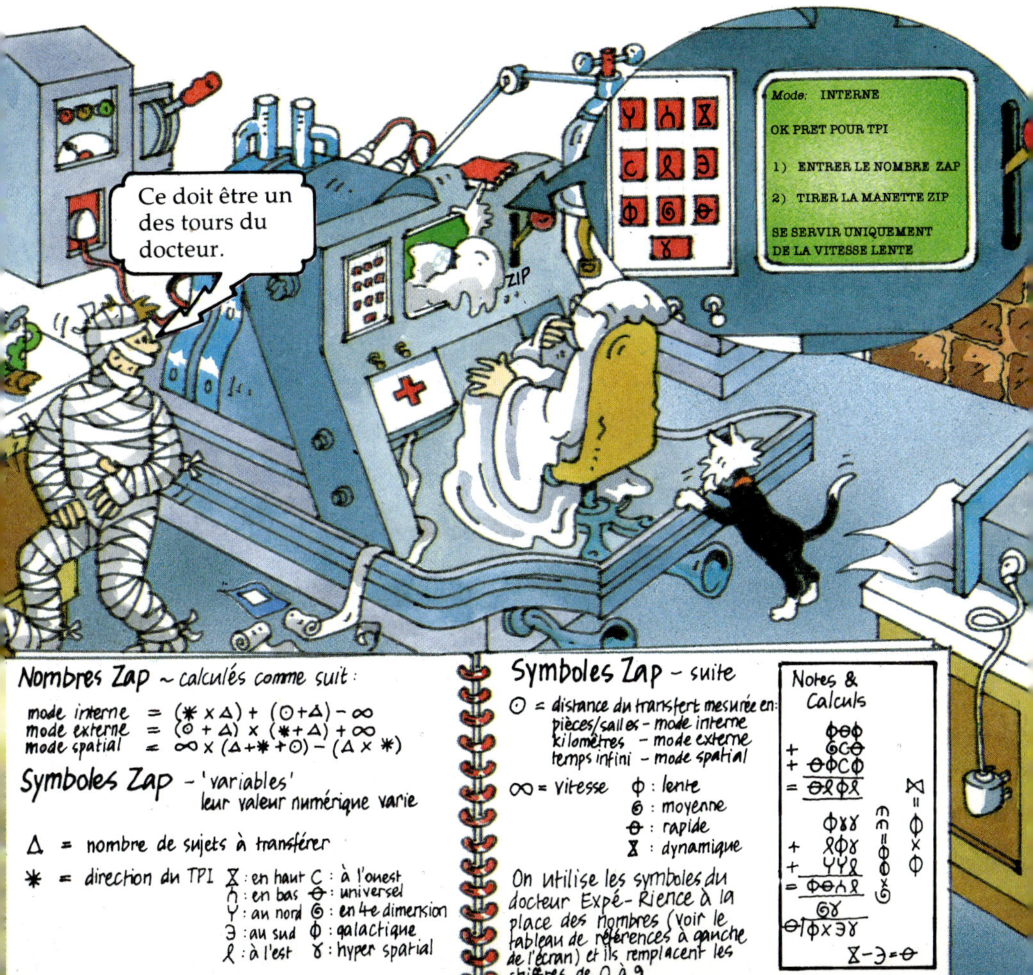

Des tours de fantômes

Avec un cliquetis, la machine ronronna et vrombit pour enfin s'immobiliser dans un nuage de fumée verte. Luc cligna des yeux. Etonné, il s'aperçut qu'ils étaient dans la bibliothèque. Jean tapa le nombre ZAP pour renvoyer la machine au laboratoire.

Laure et Expé-Rience s'affairaient dans la salle de jeux. Le docteur enduisait des crânes en plastique de peinture fluorescente, ce qui les faisait briller d'une lueur sinistre dans le noir. Laure essayait un tour qu'elle avait lu avec des pois secs, un verre et un plateau en métal.

Luc eut une idée. Laure et lui seraient un fantôme sans tête. Il lui trouva un capuchon noir et se cacha derrière un rideau noir. En équilibre sur un tabouret, il passa sa tête sous le bras de Laure et voulut demander au docteur quel effet cela faisait.

Mais le docteur était occupé. Il voulait essayer un vieux tour du livre de son oncle avec une chaise spéciale et un miroir. Il devait donner l'impression que sa tête flottait dans les airs. Mais il avait beau lire et relire les instructions, il ne réussissait pas. Il finit par abandonner.

Pendant ce temps, Laure et Luc avaient découvert derrière la scène un grand miroir muni d'un levier pour l'incliner.

"Le fantôme dans le miroir! s'exclama le docteur. Voilà un tour qui marchera!"

Il demanda à Jean de sauter dans la fosse et de se tenir sous le projecteur, où on ne pouvait le voir. Luc devait incliner le haut du miroir vers la scène.

Que va voir le public?

A la recherche du Gang des Branchés

Des pas s'approchèrent et ils coururent à leur position de fantôme. Ils entendirent des voix dans la bibliothèque mais elles s'affaiblirent tandis que les pas descendaient.

"Il y a quelqu'un dans le hall, siffla Luc, et on vient par ici."

Les pas se rapprochèrent. . . mais non, ceux-là aussi continuèrent leur chemin.

"Il n'y a plus qu'à aller les chercher," s'exclama le docteur Expé-Rience.

Jean et le docteur coururent dans la bibliothèque tandis que Laure et Luc allaient dans le hall.

Ils parcoururent le reste de l'étage sur la pointe des pieds, inspectant chaque pièce avec prudence, mais ils ne trouvèrent personne. Soudain une planche craqua derrière eux, mais ce n'était que le chat.

"Allons voir en bas," dit Laure, reprenant courage.

Ils descendirent furtivement et s'immobilisèrent. Un bruit de voix en provenance du salon!

Que devaient-ils faire? La gorge serrée, Luc tourna lentement la poignée. Le silence se fit de l'autre côté de la porte.

"Vas-y," dit Laure.

Ils ouvrirent la porte et bondirent dans la pièce en prenant un air aussi effrayant que possible. BOUM, CRAC! Ils se heurtèrent à deux autres fantômes bien consistants. . . Jean et le docteur.

"Quel gâchis!" dit Jean en se relevant.

"On ne fera jamais peur aux Branchés comme ça," ajouta-t-il.

"Attendez, s'exclama Laure, quelle heure est-il? Je crois que je sais où on va trouver les quatre membres du Gang ensemble."

Où vont-ils trouver le Gang?

Panique chez les Branchés

Le docteur les conduisit jusqu'à une extraordinaire salle de bal octogonale tapissée de miroirs du sol au plafond. Il mit sa main devant l'un des panneaux, qui s'ouvrit. Ils entrèrent dans une petite pièce secrète où ils pouvaient se cacher et attendre le Gang. Les murs étaient des fenêtres unilatérales, d'où ils pouvaient surveiller la salle de bal, mais il était impossible de voir dans la pièce de l'extérieur.

La dernière à arriver fut une fille à l'air sinistre qui portait des lunettes noires. Elle semblait être le patron.

"Alors?" lança-t-elle aux trois autres qui paraissaient plutôt timorés. "Vous avez trouvé quelque chose?"

C'était le moment ou jamais. Le docteur lâcha le panneau, les quatre 'fantômes' bondirent et le panneau se referma en silence.

Les Branchés parurent surpris, mais pas effrayés le moins du monde. Puis soudain l'espion qui s'appelait Rex haleta et quelques secondes plus tard, les quatre coquins prenaient leurs jambes à leur cou, le visage empreint de terreur.

Pourquoi? Jean et Laure étaient perplexes. Puis Jean aperçut quelque chose et il comprit.

Qu'est-ce qui a effrayé le Gang?

Le fantôme dans le miroir

Le fantôme pourchassa les Branchés, flottant dans l'air en hurlant. Jean, Laure, Luc et Expé-Rience le suivirent. Lorsqu'ils arrivèrent dans le hall, ils virent Rex agenouillé près de la porte d'entrée.

Il essayait désespérément de l'ouvrir. Mais il y renonça et courut rejoindre les autres. Le fantôme à leurs trousses, les Branchés se précipitèrent le long du couloir et traversèrent directement le salon.

"Laissez-moi sortir!" hurla Rex, qui courut dans la salle à manger.

De la porte, Jean et Laure virent les Branchés s'affairer à l'une des fenêtres à barreaux. Le patron était déjà à moitié dehors.

Quelques secondes plus tard, le dernier des Branchés se hissait à l'extérieur. Laure, Luc et Jean coururent dans la pièce et, incrédules, ils virent le fantôme se fondre dans le miroir. Luc était sûr qu'il avait souri avant de disparaître.

“Nous voilà débarrassés,” dit Jean en regardant les quatre vilains se sauver.

Luc fixait le miroir où s’était évanoui le revenant. Mais une question demeurait sans réponse.

Qui était le fantôme dans le miroir? Le docteur sourit mystérieusement. C’était quelqu’un qu’il connaissait très bien. Laure savait qui c’était.

Qui est le fantôme dans le miroir?

Indices

Pages 6-7
Y a-t-il une fenêtre ouverte? Ils peuvent utiliser la corde et le crochet.

Pages 8-9
Cherche quelque chose qui les aidera à se diriger dans la maison.

Pages 10-11
La fenêtre avec la lueur verte se trouve au premier étage.

Pages 12-13
Pense à l'envers.

Pages 14-15
Où vont les traces de pas? Regarde les titres des livres de la page 12.

Pages 16-17
Essaie d'échanger la dernière lettre du premier mot avec la première lettre du deuxième mot.

Pages 18-19
C'est facile. Sers-toi de tes yeux.

Pages 20-21
Sers-toi de nouveau de tes yeux.

Pages 22-23
Feuillette le livre en partant du début.

Pages 24-25
On utilise un code différent sur chaque document. On a ajouté des lettres supplémentaires à l'un d'eux.

Pages 26-27
Regarde de nouveau le plan. Où sont-ils? Essaie de trouver une porte cachée.

Pages 28-29
Regarde la note de la page 13.

Pages 30-31
Récemment, Luc a trouvé quelque chose.

Pages 32-33
Indices:
Nombre de personnes = 2
Direction = 9 (vers le haut)
Distance en étages = 2 (des celliers au premier étage)
Vitesse = 1 (lentement)
Calcule à quels nombres correspondent les symboles du docteur Expé-Rience en effectuant les sommes dans le manuel d'instructions.

Pages 34-35
Réfléchis bien et sers-toi de ton imagination.

Pages 36-37
Regarde le message dans le miroir de la page 17. Quelle heure indique-t-il?

Pages 38-39
Regarde bien toutes les personnes dans la salle de bal et leur reflet.

Pages 40-41
Regarde les tableaux et l'arbre généalogique de la page 11.

Réponses

Pages 6-7

En se servant de la perche avec le crochet, ils descendent les deux extrémités de la poulie. Ils accrochent la corde au pneu, dans lequel Jean s'assoit en tenant la perche. Laure et Luc le hissent jusqu'au niveau de la fenêtre ouverte. Il accroche alors la perche au barreau de la fenêtre et se hisse à l'intérieur. On descend le pneu et Luc monte Laure de la même façon. Jean lui tend la perche et la tire vers l'intérieur. Il attrape ensuite le bout libre de la corde avec la perche. Laure et Jean descendent de nouveau le pneu et hissent Luc en se servant encore une fois de la perche pour tirer Luc à l'intérieur.

Pages 8-9

Laure a remarqué un guide et une carte du Manoir de la Pierre Sombre.

Pages 10-11

Ils doivent se rendre dans le bureau du premier étage d'où provient la lueur étrange qu'ils ont aperçue la nuit précédente.

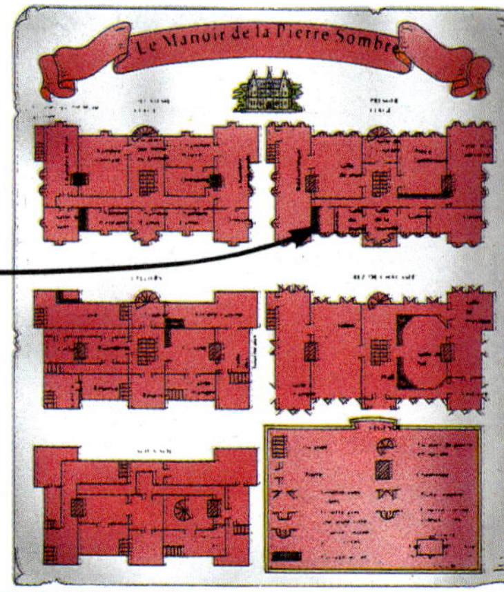

Pages 12-13

Le message est écrit à l'envers en commençant par la fin. Voici ce qu'il dit, en ajoutant la ponctuation:

Pour passer de la nuit à ma cave secrète, cherchez les bouteilles et prenez le Mellier. Pressez le vin pour pousser la porte, le plus bas possible, ou vous n'obtiendrez rien. Prenez la bouteille près d'un verre, pas la bouteille avec le verre. Mettez les pichets sur le cercle et vous réussirez.

N'oubliez pas

Pages 14-15

Les traces de pas se dirigent vers la bibliothèque, qui est la porte secrète. La poignée pour ouvrir est le livre intitulé "C. Le Levier MANET"

Poignée cachée

Traces de pas

Pages 16-17

Pour décoder le message, il faut inverser la dernière lettre de chaque mot avec la première du mot suivant. Cela donne:

Cherchez partout. Il faut trouver le laboratoire. Je dois avoir la machine. Rendez-vous à 15 h 30 dans la salle de bal. Le Patron. Code X.

Pages 18-19

Jean a raison. Il a aperçu le dos du fantôme dans le miroir, qui révèle qu'il s'agit de quelqu'un déguisé en fantôme.

Pages 20-21

La cheminée a changé, ce qui veut dire qu'il y a une porte secrète tournante et en fait, deux cheminées.

On a entouré d'un cercle les différences.

Pages 22-23

Ils ont aperçu la fille dehors devant le Manoir de la Pierre Sombre à la page 6.

Pages 24-25

Dans le premier document, on a ajouté une lettre supplémentaire (ou un chiffre) devant chaque groupe de lettres. Pour décoder, il faut enlever la première lettre inutile puis modifier l'espacement pour former les mots. Cela donne:

LE GANG DES BRANCHES DOSSIER 1
FAITS CONNUS
Nom: Docteur Xavier Expé-Rience
Né le: 4 décembre 1950
S'est installé au Manoir de la Pierre Sombre début septembre. Sous la surveillance du Gang des Branchés depuis le 10 septembre. Savant mondialement connu qui travaille sur une invention ultra-secrète – la machine à Transfert Physique Instantané. Se sert d'un code spécial pour faire fonctionner la machine selon lequel les chiffres de 0 à 9 sont remplacés par des symboles. Les Branchés veulent déchiffrer le code. Il utilise aussi parfois un code avec des lettres pour ses notes. Code K

Pages 24-25 (suite)

On décode le deuxième document en intervertissant la première et la dernière lettre de chaque mot. Cela donne:

LE GANG DES BRANCHES DOSSIER 2

Différentes utilisations de la machine:

peut être louée à d'autres escrocs; permet d'entrer dans la chambre forte des banques, dans les musées et les galeries d'art (et d'en sortir rapidement sans laisser de trace); permet d'entrer dans les bureaux ministériels.

L'opération Expé-Rience commence le samedi 24 septembre à 12 heures.

Code T

Pages 26-27

Le plan de la page 10 révèle un escalier de pierre en spirale qui va du sous-sol aux celliers. Il est dans la pièce située directement sous la cuisine. On aperçoit les gonds et le bord d'une trappe sous le tapis où sont cachés Laure, Jean et Luc.

Pages 28-29

La porte s'ouvre en connectant un circuit électrique. Laure a deviné comment grâce au message codé qu'ils ont trouvé dans le bureau à la page 13.

Ils doivent:

1) Enlever la bouteille de vin étiquetée Mellier;
2) Faire descendre le pressoir à vin;
3) Trouver la bouteille avec un verre sur l'étiquette et enlever la bouteille et le verre qui sont à côté;
4) Mettre les huit pichets sur les pavés de pierre sombre. (Il y a des points de contact sur les pavés et également sous les pichets.) Luc est debout sur la batterie qui alimente le circuit.

Pages 30-31

Luc possède le plan du moteur de la machine TPI du docteur. Lorsque les Branchés sont revenus à la page 26, il a fourré le plan jaune dans sa poche sans s'en rendre compte. Il y est toujours à la page 29 dans la cave.

Le plan

Page 26

Page 29

Pages 32-33

Il y a dix symboles Expé-Rience et chacun représente un chiffre différent de 0 à 9. Tu peux les décoder en faisant les sommes simples que le docteur a gribouillées dans la marge du manuel d'instructions.

Symboles du docteur Expé-Rience:

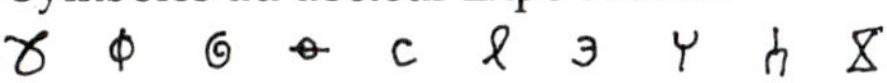

0	1	2	3	4	5	6	7	8	9

Le manuel donne les formules de trois nombres Zap. La formule correcte dépend du Mode de la machine. L'écran affiche que la machine marche en Mode Interne et dit de se servir seulement de la Vitesse Lente.

Les symboles de la formule sont expliqués dans la liste de Symboles Zap.

Les nombres qu'ils représentent varient, mais en ce qui concerne Jean et Luc, ils sont les suivants:

Valeur numérique de chaque Symbole Zap variable:		Symboles du docteur
nombre de personnes	= 2 (Jean et Luc)	◎
direction	= 9 (vers le haut)	⧗
distance en étages	= 2 (du cellier au ler étage)	◎
vitesse	= 1 (lentement)	ɸ

L'équation pour trouver le Nombre Zap est:

$(9 \times 2) + (2 \times 2) - 1 = 21$

Le Nombre Zap est donc 21, ◎ɸ en symboles du docteur Expé-Rience. Luc doit donc appuyer sur ces deux boutons.

Pages 34-35

Voici ce qu'il faut faire pour ce tour. Jean se tient debout dans la fosse de façon à ne pas être vu, le miroir est incliné et son image est projetée sur la scène. Le public aperçoit alors une apparition fantomatique.

Le dessin montre ce qui se passe.

Pages 36-37

Ils trouveront les Branchés dans la salle de bal à 15 h 30.

C'est le Patron, le chef du Gang des Branchés, qui a écrit le message sur le miroir à la page 17 qui fixe le rendez-vous. La montre du docteur indique qu'il est 15 h 20. Ils ont encore le temps de se rendre à la salle de bal avant l'arrivée des Branchés.

Pages 38-39

Laure, Jean, Luc et le docteur sont tous reflétés dans les miroirs, sauf la cinquième silhouette fantomatique, qui doit être un vrai revenant.

Le vrai fantôme

Pages 40-41

Le fantôme est celui de Mathilde, la grand-mère du docteur. Son portrait se trouve sur l'arbre généalogique de la page 11 et il y a aussi un tableau d'elle dans la salle à manger. Au début le visage de Mathilde est sérieux, mais sur le dernier tableau, elle sourit après avoir fait peur aux Branchés.

Le fantôme

Mathilde

Les portraits. . . avant et après

Avant

Après

Imprimé en Italie